W0055171

DER KLEINE ADVENT

Hans Christian Andersen

Die schönsten Weihnachtsmärchen

5 4 3 2 1   23 22 21 20 19

ISBN 978-3-649-63301-3

www.coppenrath.de

DER KLEINE ADVENT

Hans Christian Andersen

Die schönsten Weihnachtsmärchen

in 24 Kapiteln

Mit Illustrationen von Anna de Riese

COPPENRATH

1

Der Schneemann

Eine so wunderbare Kälte ist es, dass mir der ganze Körper knackt!«, sagte der Schneemann. »Der Wind kann einem wirklich Leben einbeißen. Und wie die Glühende dort glotzt!« Er meinte die Sonne, die gerade im Untergehen begriffen war. »Mich soll sie nicht zum Blinzeln bringen, ich werde schon die Stückchen festhalten.«

Er hatte nämlich statt der Augen zwei
große, dreieckige Stückchen von einem Dachziegel im Kopf. Sein Mund
bestand aus einem alten Rechen, folg-
lich hatte sein Mund auch Zähne.

Geboren war er unter
dem Jubelruf der
Knaben, be-
grüßt vom
Schellen-
geläut und
Peitschen-
knall der
Schlitten.

Die Sonne ging unter, der Vollmond ging auf, rund, groß, klar und schön in der blauen Luft.

»Da ist sie wieder von einer anderen Seite!«, sagte der Schneemann. Damit wollte er sagen: Die Sonne zeigt sich wieder. »Ich habe ihr doch das Glotzen abgewöhnt! Mag sie jetzt dort hängen und leuchten, damit ich mich selber sehen kann. Wüsste ich nur, wie man es macht, um von der Stelle zu kommen! Ich möchte mich gar zu gern bewegen! Wenn ich es könnte, würde ich jetzt dort unten auf dem Eis hingleiten, wie ich die

Knaben gleiten gesehen habe. Allein ich verstehe mich nicht darauf, weiß nicht, wie man läuft.«

»Weg! Weg!«, bellte der alte Kettenhund. Er war etwas heiser und konnte nicht mehr das echte »Wau! Wau!« aussprechen. Die Heiserkeit hatte er sich geholt, als er noch Stubenhund war und unter dem Ofen lag. »Die Sonne wird dich schon laufen lehren! Das habe ich vorigen Winter an deinem Vorgänger und noch früher an dessen Vorgänger gesehen. Weg! Weg! Und weg sind sie alle!«

»Ich verstehe dich nicht, Kamerad«,

sagte der
Schneemann.
»Die dort oben
soll mich laufen
lehren?«
Er meinte den
Mond. »Ja, laufen
tat sie freilich vorhin,
als ich sie fest ansah. Jetzt schleicht
sie heran von einer anderen Seite.«
»Du weißt gar nichts!«, entgegnete
der Kettenhund. »Du bist aber auch
eben erst aufgekleckst worden. Der,
den du da siehst, das ist der Mond.
Die, welche vorhin davongegangen

ist, das war die Sonne. Sie kommt morgen wieder, sie wird dich schon lehren, in den Wallgraben hinabzulaufen. Wir kriegen bald anderes Wetter, ich fühle es schon in meinem linken Hinterbein, es sticht und schmerzt. Das Wetter wird sich ändern!«

2

Ich verstehe ihn nicht«, sagte der Schneemann. »Aber ich habe es im Gefühl, dass es etwas Unangenehmes ist, was er spricht. Sie, die so glotzte und sich alsdann davonmachte, die Sonne, wie er sie nennt, ist auch nicht meine Freundin, das habe ich im Gefühl!«

»Weg! Weg!«, bellte der Kettenhund, ging dreimal um sich selbst herum und kroch dann in seine Hütte, um zu schlafen.

Das Wetter änderte sich wirklich. Gegen Morgen lag ein dicker, feuchter

Nebel über der ganzen Gegend. Später kam der Wind, ein eisiger Wind. Das Frostwetter packte einen ordentlich, aber als die Sonne aufging, welche Pracht! Bäume und Büsche waren mit Reif überzogen, sie glichen einem ganzen Wald von Korallen, alle Zweige schienen mit strahlend weißen Blüten über und über besät. Die vielen und feinen Verästelungen, die der Blätterreichtum während der Sommerzeit verbirgt, kamen jetzt alle zum Vorschein. Es war wie ein Spitzengewebe, glänzend weiß, aus jedem Zweig strömte ein weißer

Glanz. Die Hängebirke bewegte sich im Wind, sie hatte Leben wie alle Bäume im Sommer. Es war wunderbar und schön! Und als die Sonne schien, nein, wie flimmerte und funkelte das Ganze. Als läge Diamantenstaub auf allem und als flimmerten auf dem Schneeteppich des Erd-

bodens die großen Diamanten, oder man konnte sich auch vorstellen, dass unzählige kleine Lichter leuchteten, weißer selbst als der weiße Schnee.

»Das ist wunderbar schön!«, sagte ein junges Mädchen, das mit einem jungen Mann in den Garten trat. Beide blieben in der Nähe des Schneemanns stehen und betrachteten von hier aus die flimmernden Bäume. »Einen schöneren Anblick gewährt der Sommer nicht!«, sprach sie und ihre Augen strahlten.

»Und so einen Kerl wie diesen hier hat man im Sommer erst recht nicht«, erwiderte der junge Mann und zeigte auf den Schneemann. »Er ist hübsch.« Das junge Mädchen lachte, nickte dem Schneemann zu und tanzte darauf mit ihrem Freund über den Schnee dahin, der unter ihren Schrit-

ten knarrte und pfiff, als gingen sie auf Stärkemehl.

»Wer waren die beiden?«, fragte der Schneemann.

»Liebesleute!«, gab der Kettenhund zur Antwort. »Sie werden in eine Hütte ziehen und zusammen am Knochen nagen. Weg! Weg!«

»Sind denn die beiden auch solche Wesen wie du und ich?«, fragte der Schneemann.

3

ie gehören ja zur Herrschaft!«, versetzte der Kettenhund. »Freilich weiß man sehr wenig, wenn man den Tag zuvor erst zur Welt gekommen ist. Ich merke es dir an! Ich habe das Alter und auch die Kenntnisse. Ich kenne alle hier im Haus, und auch eine Zeit habe ich gekannt, da lag ich nicht hier in der Kälte und an der Kette. Weg! Weg!«

»Die Kälte ist herrlich!«, sprach der Schneemann. »Erzähle, erzähle! Aber du darfst nicht mit den Ketten rasseln. Es knackt in mir, wenn du das tust.«

»Weg! Weg!«, bellte der Kettenhund. »Ein kleiner Welpe bin ich gewesen, klein und niedlich, sagte man. Damals lag ich auf einem mit Samt überzogenen Stuhl dort oben im Herrenhaus, im Schoß der obersten Herrschaft. Mir wurde die Schnauze geküsst und die Pfoten wurden mir mit einem gestickten Taschentuch abgewischt. Ich hieß Ami! Lieber Ami! Süßer Ami! Aber später wurde ich ihnen dort oben zu groß und sie schenkten mich der Haushälterin. Ich kam in die Kellerwohnung! Du kannst dorthin hinunterschauen, wo

ich Herrschaft gewe-
sen bin, denn das
war ich bei der
Haushälterin. Es
war zwar ein ge-
ringerer Ort als oben,
aber er war gemütlicher. Ich wurde
nicht in einem fort von Kindern an-
gefasst und gezerrt wie oben. Ich bekam ebenso gutes Futter wie früher,
ja besseres noch! Ich hatte mein eige-
nes Kissen und ein Ofen war da, der
ist um diese Zeit das Schönste von
der Welt! Ich ging unter den Ofen,
konnte mich darunter ganz verkrie-

chen. Ach, von ihm träume ich noch.
Weg! Weg!«

»Sieht denn ein Ofen so schön aus?«,
fragte der Schneemann. »Hat er Ähn-
lichkeit mit mir?«

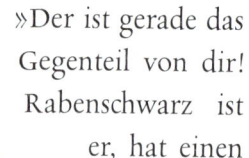

»Der ist gerade das
Gegenteil von dir!
Rabenschwarz ist
er, hat einen
langen Hals
mit Messing-
trommel. Er
frisst Brenn-
holz, dass ihm
das Feuer aus

dem Munde sprüht. Man muss sich an der Seite von ihm halten, dicht daneben, ganz unter ihm, da ist es sehr angenehm. Durch das Fenster wirst du ihn sehen können, von dort aus, wo du stehst.«

Und der Schneemann schaute danach und gewahrte einen blank polierten Gegenstand mit messingener Trommel. Das Feuer leuchtete von unten heraus. Dem Schneemann wurde ganz wunderlich zumute, es überkam ihn ein Gefühl, er wusste selber nicht welches, er konnte sich keine Rechenschaft darüber ablegen.

Aber alle Menschen, wenn sie nicht Schneemänner sind, kennen es.

»Und warum verließest du sie?«, fragte der Schneemann. »Wie konntest du nur einen solchen Ort verlassen?«

Ich musste wohl!«, sagte der Kettenhund. »Man warf mich zur Tür hinaus und legte mich hier an die Kette. Ich hatte den jüngsten Junker ins Bein gebissen, weil er mir den Knochen wegstieß, an dem ich nagte. Knochen um Knochen, so denke ich! Das nahm man mir aber sehr übel und von dieser Zeit an bin ich an die Kette gelegt worden und habe meine Stimme verloren. Hörst du nicht, dass ich heiser bin? Ich kann nicht mehr so sprechen wie die anderen Hunde: Weg! Weg! Das war das Ende vom Lied!«

Der Schneemann hörte ihm aber
nicht mehr zu, er schaute immerfort
in die Kellerwohnung der Haushälterin, in ihre Stube hinein, wo der
Ofen auf seinen vier eisernen Beinen
stand und sich in derselben Größe
zeigte wie der Schneemann.
»Wie das sonderbar in
mir knackt!«, sagte
er. »Werde ich

nie dort hineinkommen? Es ist doch ein unschuldiger Wunsch und unsere unschuldigen Wünsche werden gewiss in Erfüllung gehen. Ich muss dort hinein, ich muss mich an ihn anlehnen, und wollte ich auch das Fenster eindrücken!«

»Dort hinein wirst du nie gelangen!«, sagte der Kettenhund. »Und kommst du an den Ofen hin, so bist du weg! Weg!« »Ich bin schon so gut wie weg!«, erwiderte der Schneemann. »Ich breche zusammen, glaube ich.« Den ganzen Tag stand der Schneemann und schaute durchs Fenster hin-

ein. In der Dämmerstunde wurde die Stube noch einladender. Vom Ofen her leuchtete es mild, gar nicht wie der Mond, nicht wie die Sonne. Nein, wie nur der Ofen leuchten kann, wenn er etwas zu verspeisen hat. Wenn die Stubentür aufging, hing ihm die Flamme zum Munde heraus, diese Gewohnheit hatte der Ofen. Es flammte deutlich rot auf um das weiße Gesicht des Schneemannes, es leuchtete rot seine ganze Brust herauf.

»Ich halte es nicht mehr aus!«, sagte er. »Wie schön es ihr steht, die Zunge so herauszustrecken!«

Die Nacht war lang, dem Schneemann ward sie aber nicht lang, er
stand in seine eigenen schönen Gedanken vertieft, und die froren, dass
es knackte.

5

Am Morgen waren die Fenster-scheiben der Kellerwohnung mit Eis bedeckt. Sie trugen die schönsten Eisblumen, die nur ein Schneemann verlangen konnte, allein sie verbar-

gen den Ofen. Die Fensterscheiben wollten nicht auftauen. Er konnte den Ofen nicht sehen, den er sich als ein so liebliches weibliches Wesen dachte. Es knackte und knickte in ihm und rings um ihn her. Es war gerade so ein Frostwetter, an dem ein Schneemann seine Freude haben musste. Er aber freute sich nicht – wie hätte er sich auch glücklich fühlen können, er hatte Ofensehnsucht. »Das ist eine schlimme Krankheit für einen Schneemann«, sagte der Kettenhund. »Ich habe an der Krankheit gelitten. Aber ich

habe sie überstanden. Weg! Weg!«, bellte er. »Wir werden anderes Wetter bekommen!«, fügte er hinzu.

Und das Wetter änderte sich. Es wurde Tauwetter.

Das Tauwetter nahm zu, der Schneemann nahm ab. Er sagte nichts, er klagte nicht und das ist das richtige Zeichen.

Eines Morgens brach er zusammen. Und sieh, es ragte so etwas wie ein Besenstiel da, wo er gestanden hatte, empor. Um den Stiel herum hatten die Knaben ihn aufgebaut.

»Ja, jetzt begreife ich es, jetzt verstehe ich es, dass er die große Sehnsucht hatte!«, sagte der Kettenhund. »Da ist ja ein Eisen zum Ofenreinigen an dem Stiel, der Schneemann hat einen Ofenkratzer im Leib gehabt! Das ist es, was sich in ihm geregt hat. Jetzt ist es überstanden. Weg! Weg!«

Und bald darauf war auch der Winter überstanden.

»Weg! Weg!«, bellte der heisere Kettenhund, aber die Mädchen aus dem Hause sangen: »Waldmeister grün! Hervor aus dem Haus. Weide! Die wollenen Handschuhe aus.

Lerche und Kuckuck! Singt fröhlich

drein, Frühling im Februar wird es sein!«

Ich singe mit: «Kuckuck! Kiwitt! Komm, liebe Sonne, komm oft – ki-witt!«

Und niemand denkt mehr an den Schneemann.

6

Der standhafte
Zinnsoldat

Es waren einmal fünfundzwanzig Zinnsoldaten, die waren alle Brüder, denn sie waren aus einem alten zinnernen Löffel gemacht worden. Das Gewehr hielten sie im Arm und das Gesicht geradeaus; rot und

Zinnlöffel

blau, überaus herrlich war die Uniform; das Allererste, was sie in dieser Welt hörten, als der Deckel von der Schachtel genommen wurde, in der sie lagen, war das Wort »Zinnsoldaten!«. Das rief ein kleiner Knabe und klatschte in die Hände; er hatte sie

erhalten, denn es war sein Geburtstag und er stellte sie nun auf dem Tische auf. Der eine Soldat glich dem andern leibhaft, nur ein einziger war etwas anders; er hatte nur ein Bein, denn er war zuletzt gegossen worden, und da war nicht mehr Zinn genug da; doch stand er ebenso fest auf seinem einen Bein wie die anderen auf ihren zweien, und gerade er war es, der sich bemerkbar machte. Auf dem Tisch, auf dem sie aufgestellt wurden, stand vieles andere Spielzeug; aber das, was am meisten in die Augen fiel, war ein niedliches Schloss aus Papier;

durch die klei-
nen Fenster
konnte man
gerade in die
Säle hineinsehen.
Draußen vor ihm standen kleine
Bäume rings um einen kleinen Spiegel, der wie ein kleiner See aussehen
sollte. Schwäne aus Wachs schwam-
men darauf und spiegelten sich. Das
war alles niedlich, aber das Niedlich-
ste war doch ein kleines Mädchen,
das mitten in der offenen Schlosstür
stand; sie war auch aus Papier aus-
geschnitten, aber sie hatte ein schö-

nes Kleid und ein kleines, schmales, blaues Band über den Schultern, gerade wie eine Schärpe; mitten in diesem saß ein glänzender Stern, gerade so groß wie ihr Gesicht. Das kleine

Mädchen streckte seine beiden Arme aus, denn es war eine Tänzerin, und dann hob es das eine Bein so hoch empor, dass der Zinnsoldat es durchaus nicht finden konnte und glaubte, dass es gerade wie er nur ein Bein habe. ›Das wäre eine Frau für mich‹, dachte er, ›aber sie ist etwas vornehm, sie wohnt in einem Schlosse,

ich habe nur eine
Schachtel, und da
sind wir fünfund-
zwanzig darin, das
ist kein Ort für sie,
doch ich muss su-
chen, Bekanntschaft

mit ihr anzuknüpfen!« Und dann
legte er sich, so lang er war, hinter
eine Schnupftabaksdose, die auf dem
Tische stand. Da konnte er recht die
kleine, feine Dame betrachten, die
fortfuhr, auf einem Bein zu stehen,
ohne umzufallen. Als es Abend wurde, kamen alle die anderen Zinnsol-

daten in ihre Schachtel, und die Leute im Hause gingen zu Bette. Nun fing das Spielzeug an zu spielen, sowohl ›Es kommt Besuch!‹ als auch ›Krieg führen‹ und ›Ball geben‹; die rasselten in der Schachtel, denn sie wollten mit dabei sein, aber sie konnten den Deckel nicht aufheben.

7

Der Nussknacker schoss Purzelbäume, und der Griffel belustigte sich auf der Tafel; es war ein Lärm, dass der Kanarienvogel davon erwachte und anfing mitzusprechen, und zwar in Versen. Die beiden Einzigen, die sich nicht von der Stelle bewegten, waren der Zinnsoldat und die Tänzerin; sie hielt sich gerade auf der Zehenspitze und beide Arme ausgestreckt; er war ebenso standhaft auf seinem einen Bein; seine Augen wandte er keinen Augenblick von ihr weg. Nun schlug die Uhr zwölf, und klatsch, da sprang der Deckel von der Schnupftabaksdose auf, aber da war kein Tabak darin, nein, sondern ein kleiner schwarzer Kobold. Das war ein Kunststück! »Zinnsoldat«, sagte der Kobold, »halte deine Augen im Zaum!« Aber der Zinnsoldat tat, als ob er es nicht hörte. »Ja, warte nur bis morgen!«, sagte der Kobold. Als es nun Morgen wurde und die Kinder aufstanden,

wurde der Zinnsoldat in das Fenster gestellt, und war es nun der Kobold oder der Zugwind, auf einmal flog das Fenster zu, und der Soldat stürzte drei Stockwerke tief hinunter. Das war eine erschreckliche Fahrt. Er streckte das Bein gerade in die Höhe und blieb auf der Helmspitze mit dem Bajonett abwärts zwischen den Pflastersteinen stecken. Das Dienstmädchen und der kleine Knabe kamen sogleich

hinunter, um zu su-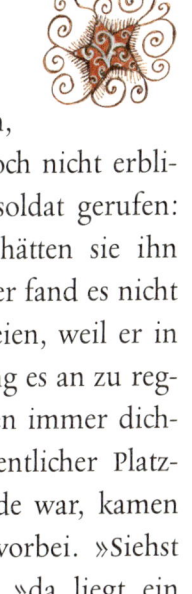
chen; aber obgleich
sie nahe daran wa-
ren, auf ihn zu treten,
so konnten sie ihn doch nicht erblicken. Hätte der Zinnsoldat gerufen:
»Hier bin ich!«, so hätten sie ihn
wohl gefunden, aber er fand es nicht
passend, laut zu schreien, weil er in
Uniform war. Nun fing es an zu reg-
nen; die Tropfen fielen immer dichter, es ward ein ordentlicher Platz-
regen; als der zu Ende war, kamen
zwei Straßenjungen vorbei. »Siehst
du«, sagte der eine, »da liegt ein

Zinnsoldat! Der soll hinaus und segeln!« Sie machten ein Boot aus einer Zeitung, setzten den Soldaten mitten hinein und nun segelte er den Rinnstein hinunter.

8

Beide Knaben liefen nebenher und klatschten in die Hände. Was schlugen da für Wellen in dem Rinnstein und welcher Strom war da! Ja, der Regen hatte aber auch geströmt.

Das Papierboot schaukelte auf und nieder, mitunter drehte es sich so geschwind, dass der Zinnsoldat bebte; aber er blieb standhaft, verzog keine Miene, sah geradeaus und hielt das Gewehr im Arm. Mit einem Male trieb das Boot unter eine lange

Rinnsteinbrücke; da wurde es gerade so dunkel, als wäre er in seiner Schachtel. ›Wohin mag ich nun kommen?‹, dachte er. ›Ja, ja, das ist des Kobolds Schuld! Ach, säße doch das kleine Mädchen hier im Boote, da

könnte es meinetwegen noch einmal so dunkel sein!« Da kam plötzlich eine große Wasserratte, die unter der Rinnsteinbrücke wohnte. »Hast du einen Pass?«, fragte die Ratte. »Her mit dem Passe!« Aber der Zinnsoldat schwieg still und hielt das Gewehr noch fester. Das Boot fuhr davon und die Ratte hinterher. Hu, wie fletschte sie die Zähne und rief den Holzspänen und dem Stroh zu: »Halt auf! Halt auf! Er hat keinen Zoll bezahlt; er hat den Pass nicht gezeigt!« Aber die Strömung wurde stärker und stärker! Der Zinnsoldat konnte schon da, wo das Brett aufhörte, den hellen Tag erblicken, aber er hörte auch einen brausenden Ton, der wohl einen tapferen Mann erschrecken konnte. Denkt nur, der Rinnstein stürzte, wo die Brücke endete, geradehinaus in einen großen Kanal; das würde für den armen Zinnsoldaten ebenso gefährlich gewesen sein wie für uns, einen großen Wasserfall hinunterzufahren! Nun war er schon so nahe dabei, dass er nicht mehr anhalten konnte. Das Boot fuhr hinaus, der Zinnsoldat hielt sich so steif, wie er konnte; niemand sollte ihm nachsagen, dass er mit den Augen blinke. Das Boot schnurrte drei-, viermal herum und war bis zum Rande mit Wasser gefüllt, es musste sinken. Der Zinnsoldat stand bis zum Halse im

Wasser und tiefer und tiefer sank das Boot, mehr und mehr löste das Papier sich auf; nun ging das Wasser über des Soldaten Kopf. Da dachte er an die kleine, niedliche Tänzerin, die er nie mehr zu Gesicht bekommen sollte, und es klang vor des Zinnsoldaten Ohren das Lied: »Fahre, fahre Kriegsmann! Den Tod musst du erleiden!« Nun ging das Papier entzwei und der Zinnsoldat stürzte hindurch, wurde aber augenblicklich von einem großen Fisch verschlungen. Wie war es dunkel da drinnen! Da war es noch schlimmer als unter der Rinnsteinbrücke, und dann war es so sehr eng; aber der Zinnsoldat war standhaft und lag, so lang er war, mit dem Gewehr im Arm. Der Fisch fuhr umher, er machte die allerschrecklichsten Bewegungen; endlich wurde er ganz still, es fuhr wie ein Blitzstrahl durch ihn hin.

Das Licht schien ganz klar und jemand rief laut: »Der Zinnsoldat!«
Der Fisch war gefangen worden, auf
den Markt gebracht, verkauft und in
die Küche hinaufgekommen, wo die
Köchin ihn mit einem großen Messer aufschnitt.

9

Sie nahm mit zwei Fingern den Soldaten mitten um den Leib und trug ihn in die Stube hinein, wo alle den merkwürdigen Mann sehen wollten, der im Magen eines Fisches herumgereist war; aber der Zinnsoldat war gar nicht stolz. Sie stellten ihn auf den Tisch und da – wie sonderbar kann es doch in der Welt zugehen! Der Zinnsoldat war in derselben Stube, in der er früher gewesen war, er sah dieselben Kinder, und das gleiche Spielzeug stand auf dem Tische, das herrliche Schloss mit der niedli-

chen, kleinen Tänzerin. Die hielt sich noch auf dem einen Bein und hatte das andere hoch in der Luft, sie war auch standhaft. Das rührte den Zinnsoldaten, er war nahe daran, Zinn zu weinen, aber es schickte sich nicht. Er sah sie an, aber sie sagten gar nichts. Da nahm der eine der kleinen Knaben den Soldaten und warf ihn

gerade in den Ofen, obwohl er gar
keinen Grund dafür hatte; es war
sicher der Kobold in der Dose, der
schuld daran war. Der Zinnsoldat
stand ganz beleuchtet da und fühlte eine Hitze, die erschrecklich war;
aber ob sie von dem wirklichen Feuer oder von der Liebe herrührte, das
wusste er nicht. Die Farben waren

ganz von ihm abgegangen – ob das
auf der Reise geschehen oder ob der

Kummer daran schuld war, konnte niemand sagen. Er sah das kleine Mädchen an, sie blickte ihn an, und er fühlte, dass er schmelze, aber noch stand er standhaft mit dem Gewehre im Arm. Da ging eine Tür auf, der Wind ergriff die Tänzerin und sie flog, einer Sylphide gleich, gerade in den Ofen zum Zinnsoldaten, loderte in Flammen auf und war verschwunden.

Da schmolz der Zinnsoldat zu einem Klumpen, und als das Mädchen am folgenden Tage die Asche herausnahm, fand sie ihn als ein kleines

Zinnherz; von der Tänzerin hinge-
gen war nur der Stern noch da, und
der war kohlschwarz gebrannt.

Das
Schneeglöckchen

Es ist Winterszeit, die Luft kalt, der Wind scharf, aber zu Hause ist es warm und gut; zu Hause lag die Blume, sie lag in ihrer Zwiebel unter Erde und Schnee.

Eines Tages fiel Regen. Die Tropfen drangen durch die Schneedecke in die Erde hinab, rührten die Blumenzwiebel an und meldeten von der Lichtwelt über ihnen. Bald drang auch der Sonnenstrahl fein und bohrend durch den Schnee bis zur Zwiebel hinab und stach sie.

»Herein!«, sagte die Blume.

»Das kann ich nicht«, sagte der Sonnenstrahl. »Ich bin nicht stark genug, um aufzumachen; ich bekomme erst im Sommer Kraft.«

»Wann ist es Sommer?«, fragte die Blume, und das wiederholte sie, so-oft ein neuer Sonnenstrahl hinab-drang. Aber es war noch weit bis zur Sommerzeit. Noch lag der Schnee und das Wasser gefror zu Eis, jede einzige Nacht.

»Wie lange das doch dauert! Wie lan-

ge!«, sagte die Blume. »Ich fühle ein Kribbeln und Krabbeln, ich muss mich recken; ich muss mich strecken. Ich muss aufschließen, ich muss hinaus, dem Sommer einen ›Guten Morgen‹ zunicken; das wird eine glückselige Zeit!«

Und die Blume reckte sich und streckte sich drinnen gegen die dün-

ne Schale, die das Wasser von außen
her weich gemacht, die der Schnee
und die Erde gewärmt und in die der
Sonnenstrahl hineingestochen hatte.
Sie schoss unter dem Schnee empor
mit einer weiß-grünen Knospe auf
dem grünen Stängel, mit schmalen,
dicken Blättern, die sie gleichsam
beschützen wollten. Der Schnee war

kalt, aber vom Lichte durchstrahlt, dazu so leicht zu durchbrechen, und hier traf sie auch der Sonnenstrahl mit stärkerer Macht als zuvor.

»Willkommen! Willkommen!«, sang und klang jeder Strahl und die Blume erhob sich über den Schnee in die Welt des Lichtes hinaus. Die Sonnenstrahlen streichelten und küssten sie, bis sie sich ganz öffnete, weiß wie Schnee und mit grünen Streifen geputzt. Sie beugte ihr Haupt in Freude und Demut.

»Liebliche Blume!«, sang der Sonnenstrahl. »Wie frisch und leuchtend du bist! Du bist die erste, du bist die einzige, du bist unsere Liebe! Du läutest den Sommer ein, den schönen Sommer über Land und Stadt! Aller Schnee soll schmelzen, der kalte Wind wird fortgejagt! Wir werden gebieten. Alles wird grünen! Und dann bekommst du Gesellschaft, Flieder und Goldregen und zuletzt die Rosen; aber du bist die Erste, so fein und leuchtend!«

11

Das war eine große Freude. Es war, als sänge und klänge die Luft, als drängen die Strahlen des Lichts in ihre Blätter und Stängel. Da stand sie, fein und leicht zerbrechlich und doch so kräftig in ihrer jungen Schönheit. Sie stand in weißem Gewande mit grünen Bändern und pries den Sommer. Aber es war noch lang bis zur Sommerzeit, Wolken verbargen die Sonne, scharfe Winde bliesen über sie hin.

»Du bist ein bisschen zu zeitig gekommen«, sagten Wind und Wetter.

»Wir haben noch die Macht. Die bekommst du zu fühlen und musst dich dreinfinden. Du hättest zu Hause bleiben und nicht ausgehen sollen, um Staat zu machen; dazu ist es noch nicht die Zeit.«

Es war schneidend kalt. Die Tage, die nun kamen, brachten nicht einen einzigen Sonnenstrahl; es war ein Wetter, um in Stücke zu frieren, besonders für eine so zarte, kleine Blume. Aber sie trug mehr Stärke in sich, als sie selber wusste. Freude und Glauben an den Sommer machten sie stark, er musste ja kommen; er war

ihr von ihrer tiefen Sehnsucht ver-
kündet und von dem warmen Son-
nenlichte bestätigt worden. So stand
sie voller Hoffnung in ihrer weißen
Pracht, in dem weißen Schnee und
beugte ihr Haupt, wenn die Schneeflocken herabfielen, während die eisi-
gen Winde über sie dahinfuhren.

»Du brichst entzwei!«, sagten sie.
»Verwelke, erfriere! Was willst du
hier draußen? Weshalb ließest du
dich verlocken? Die Sonnenstrahlen
haben dich genarrt! Nun sollst du es
gut haben, du Sommernarr!«

»Sommernarr!«, schallte es durch den

kalten Morgen, denn »Sommernarr«
heißt im Dänischen das Schneeglöckchen.

»Sommernarr«, jubelten ein paar
Kinder, die in den Garten hinabka-
men. »Da steht einer, so lieblich, so
schön, der erste, der einzige!«

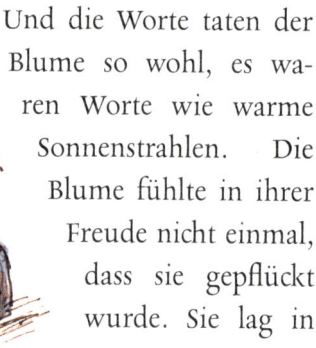

Und die Worte taten der
Blume so wohl, es wa-
ren Worte wie warme
Sonnenstrahlen. Die
Blume fühlte in ihrer
Freude nicht einmal,
dass sie gepflückt
wurde. Sie lag in

einer Kinderhand, wurde von einem Kindermund geküsst und hinein in die warme Stube gebracht, von milden Augen angeschaut, in Wasser gestellt, so stärkend, so belebend. Die Blume glaubte, dass sie mit einem Male mitten in den Sommer hineingekommen wäre.

Die Tochter des Hauses, ein niedliches kleines Mädchen, war eben konfirmiert; sie hatte einen lieben kleinen Freund, der auch konfirmiert worden war; nun arbeitete er auf eine feste Stellung hin. »Es soll mein Sommernarr sein!«, sagte sie. Dann nahm sie die feine Blume, legte sie in ein duftendes Stück Papier, auf dem Verse geschrieben standen, Verse über die Blume, die mit »Sommernarr« anfingen und mit »Sommernarr« schlossen, das Ganze war eine zärtliche Neckerei.

Nun wurde alles in den Umschlag gelegt, die Blume lag darin, und es war dunkel um sie her, dunkel wie damals, als sie noch in der Zwiebel lag. So kam die Blume auf Reisen, lag im Postsack, wurde gedrückt und gestoßen; das war nicht behaglich, aber es nahm ein Ende.

Die Reise war vorbei, der Brief wurde geöffnet und von dem lieben Freunde gelesen. Er war so erfreut, dass er die Blume küsste, und dann wurde sie mit den Versen zusammen in einen Schubkasten gelegt, worin noch mehr solcher schönen Briefe lagen, aber alle ohne Blume; sie war die erste, die einzige, wie die Sonnenstrahlen sie genannt hatten, und darüber nachzudenken war schön.

Sie durfte auch lange darüber nachdenken, sie dachte, während der Sommer verging und der lange Winter verging. Und als es wieder Sommer wurde, wurde sie wieder hervorgenommen.

Aber da war der junge Mann gar nicht froh. Er fasste das Papier hart an und warf die Verse hin, dass die Blume zu Boden fiel. Flach  gepresst und trocken war sie ja, aber deshalb hätte sie doch nicht auf den Boden geworfen werden müssen; doch dort lag sie besser als im Feuer, wo die Verse und Briefe aufloderten. Was war geschehen? – Was so oft geschieht. Die Blume hatte ihn genarrt, es war ein Scherz; die Jungfrau hatte ihn genarrt, das war kein Scherz. Sie hatte sich einen anderen Freund im schönen Sommer erkoren.

Am Morgen schien die Sonne auf den flach gedrückten kleinen Sommernarren herab, der aussah, als sei er auf den Boden gemalt. Das Mädchen, das auskehrte, nahm ihn auf und legte ihn in eins der Bücher auf dem Tische, weil sie glaubte, dass er dort herausgefallen sei, als sie aufräumte und das Zimmer in Ordnung brachte. Und die Blume lag wieder zwischen Versen, gedruckten Versen, und die sind viel vornehmer als die geschriebenen. Wenigsten haben sie mehr gekostet.

So vergingen Jahre. Das Buch stand auf dem Bücherbrett. Nun wurde es hervorgeholt, geöffnet und gelesen. Es war ein gutes Buch, Verse und Lieder, die es wert sind, gekannt zu werden. Und der Mann, der das Buch las, wandte das Blatt um. »Da liegt ja eine Blume«, sagte er, »ein Sommernarr! Es hat wohl seine Bedeutung, dass er gerade hierher gelegt worden ist. Ja, liege als Zeichen hier im Buche, kleiner Sommernarr!«

Und so wurde das Schneeglöckchen wieder ins Buch gelegt und fühlte sich beehrt und erfreut, dass es als Zeichen von Bedeutung im Buche liegen bleiben sollte.

13

Des Kaisers
neue Kleider

Vor vielen Jahren lebte ein Kaiser, der so ungeheuer viel auf neue Kleider hielt, dass er all sein Geld dafür ausgab, um recht geputzt zu sein. Er kümmerte sich nicht um seine Soldaten, kümmerte sich nicht um Theater und liebte es nicht, in den Wald zu fahren, außer um seine neuen Kleider zu zeigen. Er hatte einen Rock für jede Stunde des Tages, und ebenso wie man von einem König sagte, er sei im Rat, so sagte man hier immer: »Der Kaiser ist in der Garderobe!«

In der großen Stadt, in der er wohnte, ging es sehr munter her. An jedem Tag kamen viele Fremde an, und eines Tages kamen auch zwei Betrüger, die gaben sich für Weber aus und sagten, dass sie das schönste Zeug,

was man sich denken könne, zu weben verstanden. Die Farben und das Muster seien nicht allein ungewöhnlich schön, sondern die Kleider, die von dem Zeuge genäht würden, sollten die wunderbare Eigenschaft besitzen, dass sie für jeden Menschen unsichtbar seien, der nicht für sein Amt tauge oder der unverzeihlich dumm sei.

»Das wären ja prächtige Kleider«, dachte der Kaiser, »wenn ich solche hätte, könnte ich ja dahinterkommen, welche Männer in meinem Reiche zu dem Amte, das sie haben,

nicht taugen. Ich könnte die Klugen von den Dummen unterscheiden! Ja, das Zeug muss sogleich für mich gewebt werden!« Er gab den beiden Betrügern viel Handgeld, damit sie ihre Arbeit beginnen sollten.

Sie stellten auch zwei Webstühle auf, taten, als ob sie arbeiteten, aber sie hatten nicht das Geringste auf dem Stuhle. Trotzdem verlangten sie die feinste Seide und das prächtigste Gold, das steckten sie aber in ihre eigene Tasche und arbeiteten an den leeren Stühlen bis spät in die Nacht hinein.

»Nun möchte ich doch wissen, wie weit sie mit dem Zeuge sind!«, dachte der Kaiser. Aber es war ihm beklommen zumute, wenn er daran dachte, dass keiner, der dumm sei oder schlecht zu seinem Amte

tauge, es sehen könne. Er glaubte zwar, dass er für sich selbst nichts zu fürchten brauche, aber er wollte doch erst einen andern senden, um zu sehen, wie es damit stehe. Alle

Menschen in der ganzen Stadt wussten, welche besondere Kraft das Zeug habe, und alle waren begierig zu sehen, wie schlecht oder dumm ihr Nachbar sei.

»Ich will meinen alten, ehrlichen Minister zu den Webern senden«, dachte der Kaiser, »er kann am besten beurteilen, wie der Stoff sich ausnimmt, denn er hat Verstand, und keiner versieht sein Amt besser als er!«

Nun ging der alte, gute Minister in den Saal hinein, wo die zwei Betrüger saßen und an den leeren Webstühlen arbeiteten.

»Gott behüte uns!«, dachte der alte Minister und riss die Augen auf. »Ich kann ja nichts erblicken!« Aber das sagte er nicht.

Beide Betrüger baten ihn, näher zu treten, und fragten, ob es nicht ein hübsches Muster und schöne Farben seien. Dann zeigten sie auf den leeren Stuhl, und der arme, alte Minister fuhr fort, die Augen aufzureißen, aber er konnte nichts sehen, denn es war nichts da. »Herrgott«, dachte er, »sollte ich dumm sein? Das habe ich nie geglaubt und das darf kein Mensch wissen! Sollte ich nicht zu meinem Amte taugen? Nein, es geht nicht an, dass ich erzähle, ich könne das Zeug nicht sehen!«

»Nun, Sie sagen nichts dazu?«, fragte der eine von den Webern.

»Oh, es ist niedlich, ganz allerliebst!«, antwortete der alte Minister und sah durch seine Brille. »Dieses Muster und diese Farben! Ja, ich werde dem Kaiser sagen, dass es mir sehr gefällt!«

»Nun, das freut uns!«, sagten beide Weber und darauf benannten sie die Farben mit Namen und erklärten das seltsame Muster. Der alte Minister merkte gut auf, damit er dasselbe sagen könne, wenn er zum Kaiser zurückkomme, und das tat er auch.

Nun verlangten die Betrüger mehr Geld, mehr Seide und mehr Gold zum Weben. Sie steckten alles in ihre eigenen Taschen, auf den Webstuhl kam kein Faden, aber sie fuhren fort, wie bisher an den leeren Stühlen zu arbeiten.

Der Kaiser sandte bald wieder einen anderen tüchtigen Staatsmann hin, um zu sehen, wie es mit dem Weben stehe und ob das Zeug bald fertig sei. Es ging ihm aber gerade wie dem Ersten, er guckte und guckte. Weil aber außer dem Webstuhl nichts da war, so konnte er nichts sehen.

»Ist das nicht ein ganz besonders prächtiges und hübsches Stück Zeug?«, fragten die beiden Betrüger und zeigten und erklärten das prächtige Muster, das gar nicht da war. »Dumm bin ich nicht«, dachte der Mann, »es ist also mein gutes Amt, zu dem ich nicht tauge! Das wäre seltsam genug, aber das muss man sich nicht merken lassen!« Daher lobte er das Zeug, das er nicht sah, und versicherte ihnen seine Freude über die schönen Farben und das herrliche Muster. »Ja, es ist ganz allerliebst!«, sagte er zum Kaiser.

Alle Menschen in der Stadt sprachen von dem prächtigen Zeuge. Nun wollte der Kaiser es selbst sehen, während es noch auf dem Webstuhl sei. Mit einer ganzen Schar auserwählter Männer, unter denen auch die beiden ehrlichen Staatsmänner waren, die schon früher da gewesen, ging er zu den beiden listigen Betrügern hin, die nun aus allen Kräften webten, aber ohne Faser oder Faden. »Ja, ist das nicht prächtig?«, sagten die beiden ehrlichen Staatsmänner.

»Wollen Eure Majestät sehen, welches Muster, welche Farben?« Und dann zeigten sie auf den leeren Webstuhl, denn sie glaubten, dass die anderen das Zeug wohl sehen könnten.

»Was«, dachte der Kaiser, »ich sehe gar nichts! Das ist ja erschrecklich! Bin ich dumm? Tauge ich nicht dazu, Kaiser zu sein? Das wäre das Schrecklichste, was mir begegnen könnte.«

»Oh, es ist sehr hübsch«, sagte er, »es hat meinen allerhöchsten Beifall!«

Und er nickte zufrieden und betrachtete den leeren Webstuhl. Er wollte nicht sagen, dass er nichts sehen könne.

Das ganze Gefolge, was er mit sich hatte, sah und sah, aber es bekam nicht mehr her-

aus als alle die anderen, aber sie sagten gleich wie der Kaiser: »Oh, das
ist hübsch!«, und sie rieten ihm, diese neuen prächtigen Kleider das erste
Mal bei dem großen Feste, das be-
vorstand, zu tragen.

»Es ist herrlich, niedlich, ausgezeichnet!«, ging es von Mund zu Mund und man schien allerseits innig erfreut darüber. Der Kaiser verlieh jedem der Betrüger ein Ritterkreuz, um es in das Knopfloch zu hängen, und den Titel Hofweber.

Die ganze Nacht vor dem Morgen, an dem das Fest stattfinden sollte, waren die Betrüger auf und hatten sechzehn Lichter angezündet, damit man sie auch recht gut bei ihrer Arbeit beobachten konnte. Die Leute konnten sehen, dass sie stark beschäftigt waren, des Kaisers neue Kleider fertig zu machen. Sie taten, als ob sie das Zeug aus dem Webstuhl nähmen, sie schnitten in die Luft mit großen Scheren, sie nähten mit Nähnadeln ohne Faden und sagten zuletzt: »Sieh, nun sind die Kleider fertig!«

Der Kaiser mit seinen vornehmsten Beamten kam selbst, und beide Betrüger hoben den einen Arm in die Höhe, gerade, als ob sie etwas hielten, und sagten: »Seht, hier sind die Beinkleider, hier ist das Kleid, hier ist der Mantel!«, und so weiter. »Es ist so leicht wie Spinnwebe. Man sollte glauben, man habe nichts auf dem Körper, aber das ist gerade die Schönheit dabei!«

»Ja!«, sagten alle Beamten, aber sie konnten nichts sehen, denn es war nichts da.

»Belieben Eure Kaiserliche Majestät

Ihre Kleider abzulegen«, sagten die Betrüger, »so wollen wir Ihnen die neuen hier vor dem großen Spiegel anziehen!«

Der Kaiser legte seine Kleider ab, und die Betrüger stellten sich, als ob sie ihm ein jedes Stück der neuen Kleider anzogen, die fertig genäht sein sollten, und der Kaiser wendete und drehte sich vor dem Spiegel.

»Ei, wie gut sie kleiden, wie herrlich sie sitzen!«, sagten alle. »Welches Muster, welche Farben! Das ist ein kostbarer Anzug!«

»Draußen stehen sie mit dem Thronhimmel, der über Eurer Majestät getragen werden soll!«, meldete der Oberzeremonienmeister.

»Seht, ich bin ja fertig!«, sagte der Kaiser. »Sitzt es nicht gut?« Und dann wendete er sich nochmals zu dem Spiegel, denn es sollte scheinen, als ob er seine Kleider recht betrachte.

Die Kammerherren, die das Recht hatten, die Schleppe zu tragen, griffen mit den Händen gegen den Fußboden, als ob sie die Schleppe aufhöben, sie gingen und taten, als hielten sie etwas in der Luft. Sie wagten es nicht, es sich merken zu lassen, dass sie nichts sehen konnten.

So ging der Kaiser unter dem prächtigen Thronhimmel und alle Menschen auf der Straße

und in den Fenstern sprachen: »Wie sind des Kaisers neue Kleider unvergleichlich! Welche Schleppe er am Kleide hat! Wie schön sie sitzt!« Keiner wollte es sich anmerken lassen,

dass er nichts sah, denn dann hätte er ja nicht zu seinem Amte getaugt oder wäre sehr dumm gewesen. Keine Kleider des Kaisers hatten solches Glück gemacht wie diese.

»Aber er hat ja gar nichts an!«, sagte endlich ein kleines Kind. »Hört die Stimme der Unschuld!«, sagte der Vater. Und der eine zischelte dem anderen zu, was das Kind gesagt hatte. »Aber er hat ja gar nichts an!«, rief zuletzt das ganze Volk. Das ergriff den Kaiser, denn das Volk schien ihm recht zu haben, aber er dachte bei sich: »Nun muss ich es aushalten.« Und die Kammerherren gingen und trugen die Schleppe, die gar nicht da war.

16

Der
Tannenbaum

Draußen im Walde stand ein nied-
licher, kleiner Tannenbaum. Er hatte
einen guten Platz, Sonne konnte er
bekommen, Luft war genug da und

ringsumher wuchsen viele größere Kameraden, sowohl Tannen als auch Fichten. Aber dem kleinen Tannenbaum schien nichts so wichtig wie das Wachsen. Er beachtete weder die warme Sonne noch die frische Luft. Er kümmerte sich nicht um die Bauernkinder, die da gingen und plauderten, wenn sie herausgekommen waren, um Erdbeeren und Himbeeren zu sammeln. Oft kamen sie mit einem ganzen Topf voll oder hatten Erdbeeren auf einen Strohhalm gezogen. Dann setzten sie sich neben den kleinen Tannenbaum und sagten: »Wie niedlich klein er ist!«

Das mochte der Baum gar nicht hören. Im folgenden Jahre war er ein langes Glied größer, und das Jahr darauf war er um noch eins länger, denn bei den Tannenbäumen kann man immer an den vielen Gliedern, die sie haben, sehen, wie viele Jahre sie gewachsen sind.

»Oh, wäre ich doch so ein großer Baum wie die anderen!«, seufzte das kleine Bäumchen. »Dann könnte ich meine Zweige so weit umher ausbreiten und mit der Krone in die Welt hinausblicken! Die Vögel würden dann Nester zwischen meinen Zweigen bauen, und wenn der Wind weht, könnte ich so

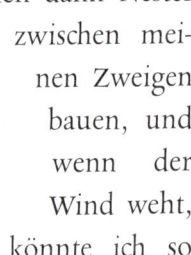

vornehm nicken, gerade wie die anderen dort!«

Er hatte gar keine Freude am Sonnenschein, an den Vögeln und den roten Wolken, die morgens und abends über ihn hinwegsegelten.

War es nun Winter und der Schnee lag ringsumher funkelnd weiß, so kam häufig ein Hase angesprungen und setzte gerade über den kleinen Baum weg. Oh, das war ärgerlich! Aber zwei Winter vergingen, und im dritten war das Bäumchen so groß, dass der Hase um es herumlaufen musste. »Oh, wachsen, wachsen, groß und alt werden, das ist doch das einzige Schöne in dieser Welt!«, dachte der Baum. Im Herbst kamen immer Holzhauer und fällten einige der größten Bäume. Das geschah jedes Jahr, und dem jungen Tannenbaum, der nun ganz gut gewachsen war, schauderte dabei. Denn die großen, prächtigen Bäume fielen mit Knacken und Krachen zur Erde, die Zweige wurden abgehauen, die Bäume sahen ganz nackt, lang und schmal aus, sie waren fast nicht zu erkennen. Aber dann wurden sie auf Wagen gelegt und Pferde zogen sie davon, aus dem Walde hinaus.

Wohin sollten sie? Was stand ihnen bevor?

Im Frühjahr, als die Schwalben und Störche kamen, fragte sie der Baum: »Wisst ihr nicht, wohin sie geführt wurden? Seid ihr ihnen begegnet?«

Die Schwalben wussten nichts, aber der Storch sah nachdenklich aus, nickte mit dem Kopfe und sagte: »Ja, ich glaube wohl. Mir begegneten viele neue Schiffe, als ich aus Ägypten flog. Auf den Schiffen waren prächtige Mastbäume, und ich darf annehmen, dass sie es waren, denn sie hatten Tannengeruch. Ich kann vielmals von ihnen grüßen, sie sind schön und stolz!«

»Oh, wäre ich doch auch groß genug, um über das Meer hinfahren zu können! Was ist das eigentlich, dieses Meer, und wie sieht es aus?«

»Ja, das ist viel zu weitläufig zu erklären!«, sagte der Storch und damit ging er.

»Freue dich deiner Jugend!«, sagten die Sonnenstrahlen. »Freue dich deines frischen Wachstums, des jungen Lebens, das in dir ist!«

Und der Wind küsste den Baum und der Tau weinte Tränen über ihn, aber das verstand der Tannenbaum nicht.

Wenn es gegen die Weihnachtszeit ging, wurden ganz junge Bäume gefällt, Bäume, die oft nicht einmal so groß oder gleichen Alters mit diesem Tannenbäumchen waren, das weder Rast noch Ruhe hatte, sondern immer davonwollte.

Diese jungen Bäume, und es waren

gerade die allerschönsten, behielten immer alle ihre Zweige. Sie wurden auf Wagen gelegt und Pferde zogen sie zum Walde hinaus.

»Wohin sollen diese?«, fragte der Tannenbaum. »Sie sind nicht größer als ich, einer ist sogar viel kleiner. Weswegen behalten sie alle ihre Zweige? Wohin fahren sie?«

»Das wissen wir! Das wissen wir!«, zwitscherten die Meisen. »Unten in der Stadt haben wir in die Fenster gesehen! Wir wissen, wohin sie fahren! Oh, sie gelangen zur größten Pracht und Herrlichkeit, die man sich denken kann! Wir haben in die Fenster gesehen und erblickt, dass sie mitten in der warmen Stube aufgepflanzt und mit den schönsten Sachen, vergoldeten Äpfeln, Honigkuchen, Spielzeug, und vielen hundert Lichtern geschmückt werden.«

»Und dann?«, fragte der Tannenbaum und bebte in allen Zweigen. »Und dann? Was geschieht dann?«

»Ja, mehr haben wir nicht gesehen! Das war unvergleichlich schön!«

»Ob ich wohl

bestimmt bin, diesen strahlenden Weg zu betreten?«, jubelte der Tannenbaum. »Das ist noch besser, als über das Meer zu ziehen! Wie leide ich an Sehnsucht! Wäre es doch Weihnachten! Nun bin ich hoch und entfaltet wie die andern, die im vorigen Jahre davongeführt wurden! Oh, wäre ich erst auf dem Wagen, wäre ich doch in der warmen Stube mit all der Pracht und Herrlichkeit! Und dann? Ja, dann kommt noch etwas Besseres, noch Schöneres. Warum würden sie mich sonst so schmücken? Es muss noch etwas Größeres, Herrlicheres kommen! Aber was? Oh, ich leide, ich sehne mich, ich weiß selbst nicht, wie mir ist!«

»Freue dich unser!«, sagten die Luft und das Sonnenlicht. »Freue dich deiner frischen Jugend im Freien!«

Aber er freute sich durchaus nicht. Er wuchs und wuchs, Winter und Sommer stand er grün. Dunkelgrün stand er da, und die Leute, die ihn sahen, sagten: »Das ist ein schöner Baum!«

Und zur Weihnachtszeit wurde er von allen zuerst gefällt. Die Axt hieb tief durch das Mark. Der Baum fiel mit einem Seufzer zu Boden, er fühlte einen Schmerz, eine Ohnmacht, er konnte gar nicht an irgendein Glück denken. Er war betrübt, von der Heimat scheiden zu müssen, von dem Flecke, auf dem er emporgeschossen war. Er wusste ja, dass er die lieben, alten Kameraden, die kleinen Büsche und Blumen ringsumher nie mehr sehen würde, ja vielleicht nicht einmal die Vögel. Die Abreise hatte durchaus nichts Behagliches.

Der Baum kam erst wieder zu sich selbst, als er im Hofe mit anderen Bäumen abgeladen wurde und einen Mann sagen hörte: »Dieser hier ist prächtig! Wir wollen nur den!«

Nun kamen zwei Diener im vollen Staat und trugen den Tannenbaum in einen großen, schönen Saal. Ringsherum an den Wänden hingen Bilder und bei dem großen Kachelofen standen große chinesische Vasen mit Löwen auf den Deckeln. Da waren Wiegestühle, seidene Sofas, große Tische voll von Bilderbüchern und Spielzeug für hundertmal hundert Taler – wenigstens sagten das die Kinder.

Der Tannenbaum wurde in ein großes, mit Sand gefülltes Fass gestellt, aber niemand konnte sehen, dass es ein Fass war, denn es wurde rundherum mit grünem Zeug behängt und stand auf einem großen, bunten Teppich. Oh, wie der Baum bebte! Was würde da wohl vorgehen?

Sowohl die Diener als die Fräulein schmückten ihn. An einen Zweig hängten sie kleine, aus farbigem Papier ausgeschnittene Netze und jedes Netz war mit Zuckerwerk gefüllt. Vergoldete Äpfel und Walnüsse hingen herab, als wären sie festgewachsen, und über hundert rote, blaue und weiße kleine Lichter wurden in den Zweigen festgesteckt. Puppen, die leibhaft wie die Menschen aussahen – der Baum hatte früher nie solche gesehen – schwebten im Grünen, und hoch oben in der Spitze wurde ein Stern von Flittergold befestigt. Das war prächtig, ganz außerordentlich prächtig!

»Heute Abend!«, sagten alle. »Heute Abend wird er strahlen!« Und sie waren außer sich vor Freude.

»Oh!«, dachte der Baum. »Wäre es doch schon Abend! Würden nur die

Lichter bald angezündet! Und was dann wohl geschieht? Ob da wohl Bäume aus dem Walde kommen, mich zu sehen? Ob die Meisen gegen die Fensterscheiben fliegen? Ob ich hier festwachse und Winter und Sommer geschmückt stehen werde?« Ja, er wusste gut Bescheid; aber er hatte ordentlich Borkenschmerzen vor lauter Sehnsucht und Borkenschmerzen sind für einen Baum ebenso schlimm wie Kopfschmerzen für uns andere.

Nun wurden die Lichter angezündet. Welcher Glanz, welche Pracht! Der

Baum bebte in al-
len Zweigen dabei,
sodass eins der
Lichter das Grü-
ne anbrannte
und es ordent-

lich sengte. »Gott bewahre uns!«,
schrien die Fräulein und löschten es
hastig aus.

Nun durfte der Baum nicht einmal
beben. Oh, das war ein Grauen! Ihm
war bange, etwas von seinem Staa-
te zu verlieren. Er war ganz betäubt
von all dem Glanze. Da gingen beide
Flügeltüren auf, und mehrere Kinder

stürzten hinein, als wollten sie den ganzen Baum umwerfen. Die älteren Leute kamen bedächtig nach. Die Kleinen standen ganz stumm, aber nur einen Augenblick, dann jubelten sie wieder, dass es laut schallte. Sie tanzten um den Baum herum und ein Geschenk nach dem anderen wurde abgepflückt und verteilt.

»Was machen sie?«, dachte der Baum. »Was soll geschehen?« Die Lichter brannten gerade bis auf die Zweige herunter, und je nachdem sie niederbrannten, wurden sie ausgelöscht, und dann erhielten die Kinder die

Erlaubnis, den Baum zu plündern. Sie stürzten auf ihn zu, dass es in allen Zweigen knackte. Wäre er nicht mit der Spitze und mit dem Goldstern an der Decke festgemacht gewesen, so wäre er umgefallen.

Die Kinder tanzten mit ihrem prächtigen Spielzeug herum, niemand sah nach dem Baume, ausgenommen das alte Kindermädchen, das zwischen die Zweige blickte. Aber das geschah nur, um zu sehen, ob nicht noch eine Feige oder ein Apfel vergessen sei.

»Eine Geschichte, eine Geschichte!«, riefen die Kinder und zogen einen kleinen, dicken Mann gegen den Baum hin und er setzte sich gerade unter ihn. »Denn so sind wir im Grünen«, sagte er. »Und der Baum kann besonders Nutzen davon haben, zuzuhören!

Aber ich erzähle nur eine Geschichte. Wollt ihr die von Ivede-Avede oder die von Klumpe-Dumpe hören, der die Treppen hinunterfiel und doch erhöht wurde und die Prinzessin bekam?«

»Ivede-Avede!«, schrien einige. »Klumpe-Dumpe!«, schrien andere. Das war ein Rufen! Nur der Tannenbaum schwieg ganz still und dachte: »Komme ich gar nicht mit, werde ich nichts dabei zu tun haben?« Er hatte ja geleistet, was er sollte.

Der Mann erzählte von Klumpe-Dumpe, der die Treppen hinunterfiel und doch erhöht wurde und die Prinzessin bekam. Und die Kinder klatschten in die Hände und riefen: »Erzähle, erzähle!« Sie wollten auch die Geschichte von Ivede-Avede hören, aber sie bekamen nur die von Klumpe-Dumpe. Der Tannenbaum stand ganz stumm und gedankenvoll, nie hatten die Vögel im Walde dergleichen erzählt. Klumpe-Dumpe fiel die Treppen hinunter und bekam doch die Prinzessin! »Ja, ja, so geht es in der Welt zu!«, dachte der Tannenbaum und glaubte, dass es wahr sei, weil ein so netter Mann es erzählt hatte. »Ja, ja! Vielleicht falle ich auch die Treppe hinunter und bekomme eine Prinzessin!« Und er freute sich, den nächsten Tag wieder mit Lichtern und Spielzeug, Gold und Früchten und dem Stern von Flittergold aufgeputzt zu werden. »Morgen werde ich nicht zittern!«, dachte er. »Ich will mich recht aller meiner Herrlichkeit freuen. Morgen werde ich wieder die Geschichte von Klumpe-Dumpe und vielleicht auch die von Ivede-Avede hören.« Und der Baum stand die ganze Nacht still und gedankenvoll da.

Am Morgen kamen die Diener und das Mädchen herein.

»Nun beginnt der Staat aufs Neue!«, dachte der Baum. Aber sie schleppten ihn zum Zimmer hinaus, die Treppe hinauf, auf den Boden und stellten ihn in einen dunklen Winkel, wohin kein Tageslicht schien. »Was soll das bedeuten?«, dachte der Baum. »Was soll ich hier wohl machen? Was mag ich hier wohl hören sollen?« Er lehnte sich gegen die Mauer und dachte und dachte.

18

Und er hatte Zeit genug, denn es vergingen Tage und Nächte. Niemand kam herauf, und als endlich jemand kam, so geschah es, um einige große Kästen in den Winkel zu stellen. Der Baum stand ganz versteckt, man musste glauben, dass er ganz vergessen war.

»Nun ist es Winter draußen!«, dach-

te der Baum. »Die Erde ist hart und mit Schnee bedeckt, die Menschen können mich nicht pflanzen. Deshalb soll ich wohl bis zum Frühjahr hier im Schutz stehen! Wie wohlbedacht ist das! Wie die Menschen doch so gut sind! Wäre es hier nur nicht so dunkel und schrecklich einsam! Nicht einmal ein kleiner Hase! Das war doch niedlich da draußen im Walde, wenn der Schnee lag und der Hase vorbeisprang, ja selbst als er über mich hinwegsprang. Aber damals mochte ich es nicht leiden. Hier oben ist es doch schrecklich einsam!«

»Piep, piep!«, sagte da eine kleine Maus und huschte hervor. Und dann kam noch eine kleine. Sie beschnüffelten den Tannenbaum und dann schlüpften sie zwischen seine Zweige. »Es ist eine gräuliche Kälte!«, sagten die kleinen Mäuse. »Sonst ist hier gut sein. Nicht wahr, du alter Tannenbaum?«

»Ich bin gar nicht alt!«, sagte der Tannenbaum. »Es gibt viele, die weit älter sind als ich!«

»Woher kommst du?«, fragten die Mäuse. »Und was weißt du?« Sie waren gewaltig neugierig. »Erzähle uns doch von den schönsten Orten auf Erden! Bist du dort gewesen?

Bist du in der Speisekammer gewesen, wo Käse auf den Brettern liegen und Schinken unter der Decke hängen, wo man auf Talglicht tanzt, mager hineingeht und fett herauskommt?«

»Das kenne ich nicht«, sagte der

Baum. »Aber den Wald kenne ich, wo die Sonne scheint und die Vögel singen!« Und dann erzählte er alles aus seiner Jugend. Die kleinen Mäuse hatten früher nie dergleichen gehört, sie horchten auf und sagten: »Wie viel du gesehen hast! Wie glücklich du gewesen bist!«

»Ich?«, sagte der Tannenbaum und dachte über das, was er selbst erzählte, nach. »Ja, es waren im Grunde ganz fröhliche Zeiten!« Aber dann erzählte er vom Weihnachtsabend, wo er mit Zuckerwerk und Lichtern geschmückt war.

»Oh!«, sagten die kleinen Mäuse. »Wie glücklich du gewesen bist, du alter Tannenbaum!«

»Ich bin gar nicht alt!«, sagte der Baum. »Erst in diesem Winter bin ich aus dem Walde gekommen! Ich bin in meinem allerbesten Alter, ich bin nur so aufgeschossen.«

»Wie schön du erzählst!«, sagten die kleinen Mäuse, und in der nächsten Nacht kamen sie mit vier anderen kleinen Mäusen, die den Baum erzählen hören sollten, und je mehr er erzählte, desto deutlicher erinnerte er sich selbst an alles und dachte: »Es

waren doch ganz fröhliche Zeiten!
Aber sie können wiederkommen,
können wiederkommen! Klumpe-
Dumpe fiel die Treppe hinunter und
bekam doch die Prinzessin. Vielleicht
kann ich auch eine Prinzessin bekommen.« Und dann dachte der Tannenbaum an eine kleine, niedliche Birke,
die draußen im Walde wuchs. Das

war für den Tannenbaum eine wirk-
liche, schöne Prinzessin.

»Wer ist Klumpe-Dumpe?«, fragten die kleinen Mäuse. Da erzählte
der Tannenbaum das ganze Märchen,
er konnte sich jedes einzelnen Wortes
entsinnen. Die kleinen Mäuse sprang-
gen aus reiner Freude bis an die Spitze des Baumes.

In der folgenden Nacht kamen weit
mehr Mäuse und am Sonntage sogar
zwei Ratten, aber die meinten, die
Geschichte sei nicht hübsch, und das
betrübte die kleinen Mäuse, denn
nun hielten sie auch weniger davon.

»Wissen Sie nur die eine Geschichte?«, fragten die Ratten.

»Nur die eine«, antwortete der Baum. »Die hörte ich an meinem glücklichsten Abend, aber damals dachte ich nicht daran, wie glücklich ich war.«

»Das ist eine höchst jämmerliche Geschichte! Kennen Sie keine von Speck und Talglicht? Keine Speisekammergeschichte?«

»Nein!«, sagte der Baum. »Ja, dann danken wir dafür!«, erwiderten die Ratten und gingen zu den ihrigen zurück. Die kleinen Mäuse blieben zuletzt auch weg und da seufzte der

Baum: »Es war doch ganz hübsch, als sie um mich herumsaßen, die beweglichen kleinen Mäuse, und zuhörten, wie ich erzählte! Nun ist auch das vorbei! Aber ich werde gerne daran denken, wenn ich wieder hervorgenommen werde.« Aber wann geschah das? Ja, es war eines Morgens, da kamen Leute und wirtschafteten auf dem Boden, die Kästen wurden weggesetzt, der Baum wurde hervorgezogen. Sie warfen ihn freilich ziemlich hart gegen den Fußboden, aber ein Diener schleppte ihn gleich nach der Treppe hin, wo der Tag leuchtete.

»Nun beginnt das Leben wieder!«,
dachte der Baum. Er fühlte die frische
Luft, die ersten Sonnenstrahlen und
nun war er draußen im Hofe. Alles
ging geschwind, der Baum vergaß völ-
lig, sich selbst zu betrachten, da war so
vieles ringsumher zu sehen. Der Hof
stieß an einen Garten und alles blüh-
te darin. Die Rosen hingen frisch und

duftend über das kleine Gitter hinaus, die Lindenbäume blühten und die Schwalben flogen umher und sagten: »Kirrevirrevit, mein Mann ist gekommen!« Aber es war nicht der Tannenbaum, den sie meinten.

»Nun werde ich leben!«, jubelte der und breitete seine Zweige weit aus. Aber ach, die waren alle vertrocknet und gelb und er lag da zwischen Unkraut und Nesseln. Der Stern von Goldpapier saß noch oben in der Spitze und glänzte im hellen Sonnenschein.

Im Hofe selbst spielten ein paar der munteren Kinder, die zur Weihnachtszeit den Baum umtanzt hatten und so froh über ihn gewesen waren. Eins der kleinsten lief hin und riss den Goldstern ab.

»Sieh, was da noch an dem hässlichen, alten Tannenbaum sitzt!«, sagte es und trat auf die Zweige, sodass sie unter seinen Stiefeln knackten.

Der Baum sah auf all die Blumenpracht und Frische im Garten, er betrachtete sich selbst und wünschte, dass er in seinem dunklen Winkel auf dem Boden geblieben wäre. Er gedachte seiner frischen Jugend im Walde, des lustigen Weihnachtsabends und der kleinen Mäuse, die so munter die Geschichte von Klumpe-Dumpe angehört hatten.

»Vorbei, vorbei!«, sagte der arme Baum. »Hätte ich mich doch gefreut, als ich es noch konnte! Vorbei, vorbei!« Der Diener kam und hieb den Baum in kleine Stücke, ein ganzes Bund lag da. Hell flackerte es auf unter dem großen Braukessel. Der Baum seufzte tief und jeder Seufzer war einem kleinen Schusse gleich. Deshalb liefen die Kinder, die da spielten, herbei und setzten sich vor das Feuer, blickten hinein und riefen: »Piff, paff!« Aber bei jedem Knalle, der ein tiefer Seufzer war, dachte der Baum an einen Sommerabend im Walde oder an eine Winternacht da draußen, wenn die Sterne funkelten. Er dachte an den Weihnachtsabend und an Klumpe-Dumpe, das einzige Märchen, das er gehört hatte und zu erzählen wusste, und dann war der Baum verbrannt.

Die Knaben spielten im Garten, und der kleinste hatte den Goldstern auf der Brust, den der Baum an seinem glücklichsten Abend getragen hatte. Nun war der vorbei und mit dem Baum war es vorbei und mit der Geschichte auch. Vorbei, vorbei.

Und so geht es mit allen Geschichten!

Das Mädchen mit den Schwefelhölzern

Es war entsetzlich kalt; es schneite und der Abend dunkelte bereits. Es war der letzte Abend im Jahre, Silvesterabend. In dieser Kälte und in dieser Finsternis ging auf der Straße ein kleines armes Mädchen mit bloßem Kopfe und nackten Füßen. Es hatte wohl freilich Pantoffeln angehabt, als es von zu Hause

fortging, aber was konnte das helfen!
Es waren sehr große Pantoffeln, sie
waren früher von seiner Mutter ge-
braucht worden, so groß waren sie,
und diese hatte die Kleine verloren,

als sie über
die Straße
eilte, wäh-
rend zwei
Wagen in
rasender Eile
vorüberjag-
ten; der eine Pantoffel war nicht
wieder aufzufinden und mit dem
anderen machte sich ein Knabe aus

dem Staube, welcher versprach, ihn als Wiege zu benutzen, wenn er einmal Kinder bekäme. Da ging nun das kleine Mädchen auf den nackten zierlichen Füßchen, die vor Kälte ganz rot und blau waren. In ihrer alten Schürze trug sie eine Menge Schwefelhölzer und ein Bund hielt sie in der Hand. Während des ganzen Tages hatte ihr niemand etwas abgekauft, niemand ein Almosen gereicht.

Hung-

rig und frostig schleppte sich die arme
Kleine weiter und sah schon ganz
verzagt und eingeschüchtert aus.
Die Schneeflocken fielen auf ihr lan-

ges blondes Haar, das schön gelockt über ihren Nacken hinabfloss, aber bei diesem Schmucke weilten ihre Gedanken wahrlich nicht. Aus allen Fenstern strahlte heller Lichterglanz und über alle Straßen verbreitete sich der Geruch von köstlichem Gänsebraten. Es war ja Silvesterabend und dieser Gedanke erfüllte alle Sinne des kleinen Mädchens. In einem Winkel zwischen zwei Häusern, von denen das eine etwas weiter in die Straße vorsprang als das andere, kauerte es sich nieder. Seine kleinen Beinchen hatte es unter sich gezogen, aber es fror nur noch mehr und wagte es trotzdem nicht, nach Hause zu gehen, da es noch kein Schächtelchen mit Streichhölzern verkauft, noch keinen Heller erhalten hatte. Es hätte gewiss vom Vater Schläge bekommen, und kalt war es zu Hause ja auch; sie hatten das bloße Dach gerade über sich, und der Wind pfiff schneidend hinein, obgleich Stroh und Lumpen in die größten Ritzen gestopft waren. Ach, wie gut musste ein Schwefelhölzchen tun! Wenn es nur wagen dürfte, eins aus dem Schächtelchen herauszunehmen, es gegen die Wand zu streichen und die Finger daran zu wärmen! Endlich zog das Kind eins heraus. Ritsch! Wie sprühte es, wie brannte es. Das Schwefelholz strahlte eine warme, helle Flamme aus, wie ein kleines Licht, als es das Händchen um dasselbe hielt. Es war ein merkwürdiges Licht; es kam dem kleinen Mädchen vor, als säße es vor einem großen eisernen Ofen mit Messingbeschlägen und Messingverzierungen; das Feuer brannte so schön und wärmte so wohltuend! Die Kleine streckte schon die Füße aus, um auch diese zu wärmen – da erlosch die Flamme.

20

Der Ofen verschwand, sie saß mit einem Stümpchen des ausgebrannten Schwefelhölzchens in der Hand da. Ein neues wurde angestrichen, es brannte, es leuchtete, und an der Stelle der Mauer, auf welche der Schein fiel, wurde sie durchsichtig wie ein Flor. Die Kleine sah gerade in die Stube hinein, wo der Tisch mit einem blendend weißen Tischtuch und feinem Porzellan gedeckt stand, und köstlich dampfte die mit Pflaumen und Äpfeln gefüllte, gebratene Gans darauf. Und was noch herrlicher war,

die Gans sprang aus der Schüssel und watschelte mit Gabel und Messer im Rücken über den Fußboden hin; gerade die Richtung auf das arme Mädchen schlug sie ein. Da erlosch das Schwefelholz und nur die dicke kalte Mauer war zu sehen. Sie zündete ein neues an. Da saß die Kleine unter dem herrlichsten Weihnachtsbaum; er war noch größer und weit reicher ausgeputzt als der, den sie am Heiligabend bei dem

reichen Kaufmann durch die Glastür gesehen hatte. Tausende von Lichtern brannten auf den grünen Zweigen, und bunte Bilder, wie die, welche in den Ladenfenstern ausgestellt werden, schauten auf sie hernieder, die Kleine streckte beide Hände nach ihnen in die Höhe – da erlosch das Schwefelholz.

Die vielen Weihnachtslichter stiegen höher und höher, und sie sah jetzt erst, dass es die hellen Sterne waren. Einer von ihnen fiel herab und zog einen langen Feuerstreifen über den Himmel. »Jetzt stirbt jemand!«, sagte die Kleine, denn die alte Großmutter, die sie allein freundlich behandelt hatte, jetzt aber längst tot war, hatte gesagt: »Wenn ein Stern fällt, steigt eine Seele zu Gott empor!« Sie strich wieder ein Schwefelholz gegen die Mauer; es warf einen weiten Lichtschein ringsumher und im Glanze desselben stand die alte Großmutter hell beleuchtet mild und freundlich da. »Großmutter!«, rief die Kleine. »Oh, nimm mich mit dir! Ich weiß, dass du verschwindest, sobald das Schwefelholz ausgeht, verschwindest, wie der warme Kachelofen, der köstliche Gänsebraten und der große flimmernde Weihnachtsbaum!« Schnell strich sie den ganzen Rest der Schwefelhölzer an, die sich noch im

Schächtelchen befanden, sie wollte
die Großmutter festhalten; und die
Schwefelhölzer verbreiteten einen
solchen Glanz, dass es heller war als
am lichten Tag. So schön, so groß
war die Großmutter nie gewesen; sie
nahm das kleine Mädchen
auf ihren Arm
und hoch
schwebten
sie empor
in Glanz
und
Freude;
Kälte,

Hunger und Angst wichen von ihm – sie war bei Gott. Aber im Winkel am Haus saß in der kalten Morgenstunde das kleine Mädchen mit roten Wangen, mit einem Lächeln um den Mund – tot, erfroren am letzten Tage des alten Jahres. Der Morgen des neuen Jahres ging über der kleinen Leiche auf, die mit den Schwefelhölzern, wovon fast ein Schächtelchen verbrannt war, dasaß. »Sie hat sich wärmen wollen!«, sagte man. Niemand wusste, was sie Schönes gesehen hatte, in welchem Glanze sie mit der alten Großmutter zur Neujahrsfreude eingegangen war.

21

Elfenhügel

Da schlüpften so flink einige Eidechsen in den Spalten eines alten Baumes umher; sie konnten einander gut verstehen, denn sie sprachen die Eidechsensprache.

»Nein, wie es poltert und brummt in dem alten Elfenhügel«, sagte die eine Eidechse, »ich habe vor dem Spektakel nun schon zwei Nächte lang kein Auge zugetan, ebenso gut könnte ich liegen und Zahnschmerzen haben, denn dann schlafe ich auch nicht.«

»Da muss irgendetwas los sein drinnen!«, sagte die andere Eidechse. »Den Hügel lassen sie auf vier roten Pfählen bis zum ersten Hahnenschrei stehen, es wird gründlich ausgelüftet und die Elfenmädchen haben neue Tänze eingeübt. Da muss irgendetwas los sein.«

»Ja, ich habe mit einem Regenwurm aus meinem Bekanntenkreise gesprochen«, sagte die dritte Eidechse, »der

Regenwurm kam gerade aus dem Hügel heraus, wo er Tag und Nacht in der Erde gewühlt hatte. Der hatte allerlei gehört, sehen kann es ja nicht, das arme Tier, aber vorfühlen und nachhören, das versteht er. Sie erwarten Besuch im Elfenhügel, vornehmen Besuch, aber wen, das wollte

der Regenwurm nicht sagen oder er wusste es vielleicht selbst nicht. Alle Irrlichter sind zu einem Fackelzug, wie man es nennt, befohlen, und das Silber und Gold, wovon es genug im Hügel gibt, wird poliert und in den Mondschein hinausgestellt!«

»Wer mögen nur die Fremden sein?«, sagten alle Eidechsen. »Was mag nur los sein? Hört, wie es summt! Hört, wie es brummt!«

Da öffnete sich der Elfenhügel und ein altes Elfenmädchen kam trippelnd heraus. Ihr Rücken war bloß, aber sonst war sie sehr anständig angezogen. Es war des alten Elfenkönigs Haushälterin, eine entfernte Verwandte, die ein Bernsteinherz auf der Stirn trug. Sie setzte die Beinchen so flink, tripp, tripp! Potztausend, wie sie trippeln konnte, und zwar ging es hinunter ins Moor zum Nachtraben.

»Sie werden zum Elfenhügel eingeladen für diese Nacht!«, sagte sie, aber wollen Sie uns nicht zuvor einen großen Dienst erweisen und die Einladungen übernehmen? Sie müssen auch etwas tun, da Sie selbst kein Haus machen! Es kommen einige hochvornehme Fremde aus dem Trollgeschlecht, die viel zu sagen haben, und deshalb will der alte Elfenkönig sich zeigen.«

»Wer soll eingeladen werden?«, fragte der Nachtrabe.

»Ja, zum großen Ball kann jedermann kommen, selbst Menschen, wenn sie

im Schlafe sprechen oder irgendetwas an sich haben, was in unsere Art
schlägt. Aber bei dem vorhergehen-
den Fest muss strenge Auswahl herr-
schen, wir wollen nur die Allervor-

nehmsten dabeihaben. Ich habe mich schon mit dem Elfenkönig gezankt, denn ich meinte, wir könnten nicht einmal die Gespenster zulassen. Der Wassernix und seine Töchter müssen zuerst eingeladen werden, sie finden zwar nicht viel Spaß daran, auf das Trockene zu kommen, aber sie sollen mindestens jeder einen nassen Stein zum Sitzen bereitgestellt finden, wenn nicht sogar etwas Besseres, da hoffe ich denn, dass sie dieses

Mal nicht absagen werden. Alle alten Trolle erster Klasse mit Schwanz, alle Nixen und Wichtelmännchen müssen wir haben, und dann denke ich, können wir den Werwolf, das Höllenpferd und die Kirchenwichtel nicht gut übergehen; eigentlich gehören sie ja zur Geistlichkeit, die nicht mit zu unseren Leuten zählt, aber das ist nun einmal ihr Amt; sie gehören im-

merhin zur näheren Familie und machen uns ständig Besuche.«
»Bra!«, sagte der Nachtrabe und flog
von dannen, um einzuladen.

Die Elfenmädchen tanzten schon auf dem Elfenhügel, sie schwebten auf und nieder mit ihren langen Schals, die aus Nebel und Mondschein gewoben waren, und sahen gar lieblich aus für jemand, der an dergleichen Gefallen findet. Mitten im Elfenhügel war der große Saal prächtig geschmückt. Der Boden war mit Mondschein gewaschen und die Wände mit Hexenfett abgerieben, sodass sie wie Tulpenblätter im Lichte schimmerten. In der Küche waren reichlich Vorräte aufgestapelt: Frösche am Spieß,

Kinderfinger in Schnecken-
haut mit Salat
aus Pilzsamen,
feuchte Mäuseschnauzen
und Schierling, Bier von dem Ge-
bräu der Sumpffrau und funkelnder
Salpeterwein aus Grabgewölben. Alles war höchst solide und anständig;
rostige Nägel und Kirchenfensterglas
gehörten zum Naschwerk.

Der alte Elfenkönig ließ seine Gold-
krone mit gestoßenem Griffel polie-
ren; es war Tuffsteingriffel, und es ist
mit großen Schwierigkeiten für einen

Elfenkönig verknüpft, Tuffsteingriffel aufzutreiben! In den Schlafzimmern wurden Gardinen aufgehängt und mit Schneckenhörnern aufgeheftet. Ja, überall hörte man das geschäftige Summen und Brummen.

»Nun muss hier noch mit Rosshaar und Schweinsborsten geräuchert werden, dann bin ich für meinen Teil fertig!«, sagte das alte Elfenmädchen.

»Süßes Väterchen«, schmeichelte die jüngste der Töchter, »bekomme ich nun endlich zu wissen, wer die vornehmen Fremden sind?«

»Nun ja«, sagte er, »da muss ich es

wohl sagen. Zwei meiner Töchter müssen sich zur Hochzeit bereithalten. Zwei von euch werden sicher fortheiraten. Der alte Troll oben aus Norwegen, der, der im alten Dovrefelsen wohnt und die vielen Klippenschlösser aus Felsblöcken und ein Goldbergwerk hat, das ertragreicher ist, als man glaubt, kommt mit seinen zwei Söhnen herunter; die sollen sich eine Frau aussuchen. Der alte Troll ist so ein richtiger alter, ehrlicher, moralischer Greis, lustig und geradezu, ich kenne ihn aus alten Tagen, als wir Duzbrüderschaft tran-

ken und er hier unten war, um sich seine Frau zu holen. Nun ist sie tot. Sie war eine Tochter des Felsenkönigs von Möen, und er saß tüchtig bei ihr in der Kreide, wie man zu sagen pflegt. O, wie ich mich nach dem alten nordischen Troll sehne. Die Söhne sollen ein paar unerzogene, hochnäsige Schlingel sein, aber man kann ihnen ja auch damit unrecht tun und mit den Jahren werden sie schon Vernunft annehmen. Seht nun zu, dass ihr ihnen Lebensart beibringt!«

»Und wann kommen sie?«, fragte die eine Tochter.

»Das kommt auf Wind und Wetter an«, sagte der Elfenkönig. »Sie reisen sparsam! Sie wollten eine Schiffsgelegenheit benutzen. Ich wollte, sie sollten über Schweden gehen, aber der Alte findet noch immer keinen Geschmack daran. Er hält nicht mit seiner Zeit Schritt und das kann ich nicht leiden!«

In diesem Augenblicke kamen zwei Irrlichter hereingehüpft, das eine schneller als das andere, und daher kam das eine zuerst.

»Sie kommen. Sie kommen!«, riefen sie.

»Gebt mir meine Krone und lasst mich im Mondschein stehen!«, sagte der Elfenkönig.

Die Töchter hoben die Schals und verneigten sich bis zur Erde.

Da stand nun der alte Troll von Dovre mit seiner Krone von gehärteten Eiszapfen und polierten Tannenzapfen; sonst hatte er noch einen Bärenpelz und Wasserstiefel an; die Söhne dagegen gingen mit bloßem Halse und ohne Hosenträger; denn sie waren Kraftmänner.

»Ist das ein Hügel?«, fragte der jüngste der Söhne und zeigte auf den

Elfenhügel. »Das nennen wir oben bei uns in Norwegen ein Loch.« »Jungens!«, sagte der Alte. »Ein Loch geht nach innen, ein Hügel nach außen. Habt ihr keine Augen im Kopfe?«

Das Einzige, worüber sie sich hier unten wundern müssten, sagten sie,

sei, dass sie die Sprache so ohne Weiteres verstehen könnten.

»Spielt euch nun nicht auf«, sagte der Alte, »man könnte sonst glauben, dass ihr nicht richtig ausgebacken seid.«

23

Und dann gingen sie in den Elfen-hügel hinein, wo eine wirklich feine Gesellschaft sich zusammengefunden hatte, und das in solcher Geschwindigkeit, als ob sie zusammengeweht wären. Für jeden war es nett und behaglich eingerichtet worden. Das Meervolk saß in großen Wasserkufen bei Tisch, und sie sagten, dass sie sich wie zu Hause fühlten. Alle befleißigten sich guter Tischsitten, außer den beiden kleinen nordischen Trollen, die die Beine auf den Tisch legten. Sie waren der Ansicht, dass ihnen alles zu Gesichte stehe.

»Die Füße von der Schüssel«, sagte der alte Troll. Da gehorchten sie, aber auch noch nicht gleich. Ihre Tischdamen kitzelten sie mit Tannenzapfen, die sie in der Tasche mit sich führten, und dann zogen sie ihre Stiefel aus, um behaglicher zu sitzen, und gaben ihnen die Stiefel zu halten. Der Vater, der alte Dovre-Troll, war freilich ganz anders. Er erzählte so herrlich von den stolzen nordischen Felsen und von den Wasserfällen, die schaumweiß mit einem Getöse wie Donnerschlag und Orgelklang herabstürzen. Er erzählte von dem Lachse, der stromaufwärts gegen das stürzende Wasser emporspringt, wenn der Wasserneck auf der Goldharfe spielt. Er erzählte von den schimmernden Winternächten, wenn die Schlittenschellen klingeln und die Burschen mit brennenden

Fackeln über das blanke Eis laufen, das so durchsichtig ist, dass sie die Fische unter ihren Füßen aufschrecken sehen. Ja, er konnte erzählen, dass man sehen und hören konnte, was er sagte; es war, als höre man die Sägemühlen klappern, als sängen die Knechte und Mägde ihre Lieder und tanzten dazu ihre Tänze. Heisa. – Mit einem Mal gab der alte Troll dem alten Elfenmädchen einen Gevatterschmatz. Das war ein ordentlicher Kuss und dabei waren sie doch gar nicht miteinander verwandt.

Nun mussten die Elfenmädchen tanzen, sowohl die einfachen Tänze als auch die, bei denen gestampft werden musste; das ließ alle ihre Vorzüge zur Geltung kommen. Dann kam der Kunsttanz. Ei der Tausend, wie konnten sie die Beine werfen. Man wusste nicht mehr, wo Anfang und Ende, und nicht mehr, ob es Arm oder Bein war. Es ging alles durcheinander wie Sägespäne, und dann schnurrten sie herum, dass dem Höllenpferd

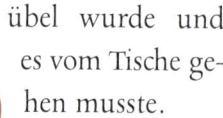

übel wurde und es vom Tische gehen musste.

»Prrrrr«, sagte der alte Troll, »ist das eine Wirbelei mit dem Beinwerk. Aber was können sie mehr als tanzen, Beine werfen und Wirbelwind machen?« »Das sollst du nun auch zu wissen bekommen«, sagte der Elfenkönig, und dann rief er seine älteste Tochter heran. Sie war so zierlich und klar wie Mondschein, sie war die feinste von allen Schwestern. Sie nahm einen weißen Span in den Mund, und dann war sie verschwunden; das war ihre Kunst.

Aber der alte Troll sagte, dass er solche Kunst bei seiner Frau gar nicht leiden könne, und er glaube auch nicht, dass seine Söhne davon begeistert seien.

Die Zweite konnte sich selbst zur Seite gehen, als ob sie einen Schatten würfe, den besitzen die Elfen nämlich nicht.

Die Dritte war von ganz anderem Schlag. Sie hatte im Brauhaus der Sumpffrau gelernt, und sie war diejenige, die Elfenknorren mit Johanneswürmchen zu spicken verstand.

»Sie wird eine gute Hausfrau abgeben!«, sagte der alte Troll und dankte mit den Augen beim Zutrinken, denn er wollte nicht so viel trinken.

24

Nun kam das vierte Elfenmädchen. Sie hatte eine große Goldharfe zum Spielen, und als sie die erste Saite anschlug, hoben alle das linke Bein, denn die Unterirdischen sind linksbeinig, und als sie die andere Saite anschlug, mussten alle tun, was sie wollte.

»Das ist ein gefährliches Frauenzimmer«, sagte der alte Troll; die beiden Söhne aber gingen zum Hügel hinaus, denn nun fanden sie es langweilig.

»Und was kann die nächste Tochter?«, fragte der alte Troll.

»Ich habe gelernt, die Norweger zu lieben«, sagte sie, »und niemals werde ich mich vermählen, wenn ich nicht nach Norwegen komme.«

Aber die jüngste der Schwestern flüsterte dem alten Troll ins Ohr: »Das sagt sie nur, weil sie in einem nordischen Lied gehört hat, dass, wenn die Welt untergeht, doch die nordischen Felsen als Wahrzeichen stehen bleiben, und deshalb will sie dort hinauf, denn sie hat solche Angst vor dem Untergehen.«

»Ho, ho«, sagte der alte Troll, »geht es darauf hinaus, aber was kann die Siebente und Letzte?«

»Die Sechste kommt vor der Siebenten«, sagte der Elfenkönig, denn er konnte rechnen; aber die Sechste wollte nicht recht hervorkommen.

»Ich kann nur den Leuten die Wahrheit sagen«, sagte sie, »mich mag keiner leiden, und ich habe genug damit zu tun, mein Totenhemde zu nähen.«

Nun kam die Siebente und Letzte, und was konnte sie? Ja, sie konnte Märchen erzählen, und zwar so viele, wie sie nur wollte.

»Hier sind alle meine fünf Finger«, sagte der alte Troll, »erzähle mir von jedem eins.«

Und das Elfenmädchen fasste ihn ums Handgelenk, und er lachte, dass es in ihm kluckerte, und als sie zum Goldfinger kam, der einen Goldreif um den Leib hatte, gerade als ob er gewusst hätte, dass Verlobung sein sollte, sagte der alte Troll: »Halt fest, was du hast, die Hand ist dein. Dich will ich selbst zur Frau haben.«

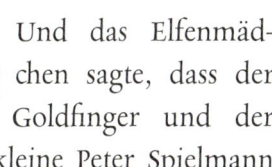

Und das Elfenmäd-
chen sagte, dass der
Goldfinger und der
kleine Peter Spielmann
noch übrig seien!

»Die wollen wir im Winter hören«,
sagte der alte Troll, »und von der
Tanne wollen wir hören und von der
Birke und den Gaben der Unterirdischen und dem klingenden Frost. Du
sollst schon zum Erzählen kommen,
denn das macht bis jetzt keiner da
oben richtig! – Und dann wollen wir
in der steinernen Halle sitzen, wo der
Kienspan brennt, und Met trinken

aus den Goldhörnern der alten nordischen Könige; der Neck hat mir ein paar davon geschenkt! Und wenn wir dann sitzen, kommt der Hofwichtel und macht Besuch, und dann singt er dir alle Weisen der Hütermädchen vor. Das wird lustig werden. Der Lachs wird den Wasserfall hinaufspringen und gegen die Steinwände schlagen, aber er kommt doch nicht herein. –

Ja, du kannst mir glauben, es ist gut sein in dem lieben alten Norwegen. Aber wo sind die Jungen?«

Ja, wo waren die Jungen. Die liefen

auf den Feldern umher und bliesen die Irrlichter aus, die so nett und ge-  sittet daherkamen, um einen Fackelzug zu ma- chen.

»Treibt man sich so herum«, sagte der alte Troll, »nun habe ich mir eine Mutter für euch genommen, und ihr könnt euch jetzt eine Tante nehmen!«

Aber die Jungen sagten, dass sie lieber eine Rede halten und Brüderschaft trinken wollten. Zum Heiraten hätten sie keine Lust. – Und dann

hielten sie Reden, tranken Brüderschaft und machten die Nagelprobe,
um zu zeigen, dass sie ausgetrunken
hätten. Dann zogen sie die Kleider
aus und legten sich ohne viel Feder-
lesens auf den Tisch, um zu schlafen,
denn sie genierten sich nicht. Aber

der alte Troll
tanzte in der
Stube herum mit
seiner jungen Braut und wechselte
Stiefel mit ihr, denn das ist feiner als
Ringe wechseln.

»Nun kräht der Hahn«, sagte das
alte Elfenmädchen, das das Haus zu
besorgen hatte. »Jetzt müssen wir die
Fensterläden schließen, damit uns
die Sonne nicht verbrennt!«

Und dann schloss sich der Hügel.

Aber draußen liefen die Eidechsen
in dem gespaltenen Baume auf und
nieder und die eine sagte zu der an-

deren: »Ach, wie gut hat mir der alte nordische Troll gefallen!«

»Ich mochte die Jungen lieber!«, sagte der Regenwurm, aber der konnte ja nichts sehen, das elende Tier.

Inhalt

Inhalt

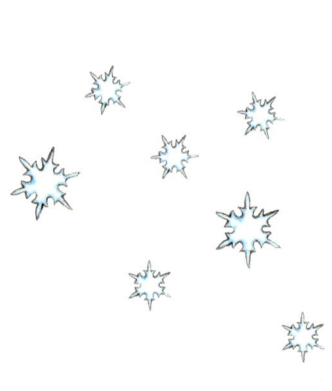

Biografie

Hans Christian Andersen

Der dänische Schriftsteller, Roman-
autor und Dichter ist der Verfasser ei-
niger der populärsten und schönsten
Kindergeschichten. Erzählungen wie
»Das hässliche Entlein«, »Des Kaisers
neue Kleider«, »Die Schneekönigin«
oder »Die Prinzessin auf der Erbse«
ließen ihn zu einem der beachtetsten
Autoren der Weltliteratur aufstei-
gen. »Die kleine Meerjungfrau« war
Anlass für die an den Dichter erin-
nernde Skulptur im Hafen von Ko-

penhagen. Seine Geschichten wurden in mehr als 80 Sprachen übersetzt und dienen als Theater-, Ballett- und Filmvorlagen.

Hans Christian Andersen wurde am 2. April 1805 in Odense als Sohn eines Schumachers und einer Waschfrau geboren. Er hatte eine unglückliche Kindheit, die von tiefer Armut geprägt war. Als er 14 Jahre alt war, verließ er sein Elternhaus und floh allein nach Kopenhagen. Hier nahm sich der Leiter des Königlichen Theaters, Jonas Collin, dem jungen Andersen an und gewährte ihm Obdach und Arbeit. Mit seiner Hilfe konnte Andersen auch die Schule besuchen. Inspiriert durch die Theaterarbeit begann er erste Stücke zu schreiben. So entstanden zu dieser Zeit Erzählungen, Geschichten und Gedichte. 1822 wurden erste Werke von Andersen mit großem Erfolg publiziert. Zum anerkannten Schriftsteller stieg er 1829 auf. Mit einem staatlichen Dichtergehalt ausgestattet, konnte er fortan Europa, Asien und Afrika bereisen. Seine Erlebnisse und Erfahrungen hielt er in Dramen, Romanen und Reisebüchern fest. Zum

Literaten mit weltweiter Beachtung wurde Anderson durch seine präzise Wiedergabe individueller Charaktere, die der Schriftsteller in der damals untypischen Alltagssprache verfasste. Zur Darstellung kamen geheime Ängste und Sehnsüchte der Figuren, die durch ihr vorbildhaftes Verhalten auch einen erzieherischen Anspruch vertraten. Hans Christian Andersen verstarb am 4. August 1875 in Kopenhagen